être en sens

Édition : BoD - Books on Demand, 31 avenue Saint-Rémy, 57600 Forbach, bod@bod.fr
ISBN : 978-2-3225-4248-2

Impression : Libri Plureos GmbH, Friedensallee 273, 22763 Hamburg (Allemagne)

Rédaction : 2025
Dépôt légal : mars 2025

© Basty, 2025
www.etreconscient.com - basty.ecce@gmail.com

Tous droits de reproduction, d'adaptation et de traduction réservés pour tous pays. L'auteur et l'éditeur déclinent toute responsabilité directe ou indirecte quant à l'utilisation de ce livre et l'interprétation de son contenu. Les déclarations et illustrations proposées par l'auteur sont des représentations données à titre indicatif et laissées à la libre appréciation de chacun.

Basty

être en sens

sort des mots

A vouloir me réfléchir, un voile invisible m'éloigne de toi.
A vouloir m'incarner, un voile invisible m'éloigne de toi.

Laisse-toi aimer, le voile tombera.

Amoureux

Amoureux de toi.
Permets-moi ton corps.
Offre-moi cet émoi.
Se toucher sans effort.

Amoureux de toi.
Ouvre-moi ton esprit.
Livre-moi cette foi.
Se joindre tout épris.

Amoureux d'elle.
Laisse-moi la voir.
Beauté passionnelle.
Danser son miroir.

Amoureux d'elle.
Inspire-moi son gout.
Enveloppe sensuelle.
Respirer tout à coup.

Amoureux de vous.
Prenez ma peau.
Prenez mes idéaux.
Ma vie est à vous.

Amoureux de vous.
Prenez mon âme.
Prenez ma flamme.
Mon cœur vit pour vous.

Parfum

J'écrirai ton parfum.
Avec des craies de couleur.
Des lettres de douceur.
Des mots de velours.

Je dirai ton parfum.
Avec des voix de charmeur.
Des sons de chuchoteur.
Des appels d'amour.

Je montrerai ton parfum.
Avec des films de voyageur.
Des affiches du New Yorker.
Des images de Djaïpour.

Je danserai ton parfum.
Avec des airs de valseur.
Des notes d'enchanteur.
Des gestes de retour.

Je vivrai ton parfum.
Avec des jours de fleur.
Des lendemains de rêveur.
Des sourires de toujours.

Je respirerai ton parfum.
Avec tes yeux pour me soigner.
Tes mains pour me délivrer.
Ton cœur pour mon âme en paix.

Ton rêve revient

Ton rêve revient te sourire.
Son image n'est pas passée.
Sa lumière danse et respire.
Comme une revenance insensée.

Ton rêve revient t'appeler.
Sa musique n'est pas perdue.
Son histoire vraie et révélée.
Comme une vie inattendue.

Il vit la même couleur.
Il vit la même splendeur.
Il vit la même joie.
Il vit la même foi.

Tu vis le même émoi.
Tu vis le même choix.
Tu vis le même cœur.
Tu vis le même bonheur.

Ton rêve est revenu se souscrire.
Ton vœu est encore entier.
Ton élan sûr pousse et attire.
Comme un geste bien délié.

Ton rêve est revenu se délivrer.
Ton pouvoir est encore voulu.
Ton lendemain clair et célébré.
Comme un sort bien entendu.

Je te vois

Je te vois, transparente.
Je vois tout ton invisible.
Ta lumière et tes ombres.
Ton courage et tes peurs.

Je te vois, dévoilée.
Je vois tout ton commerce.
Tes offrandes et tes besoins.
Ton amour et tes violences.

Je te vois, affrontée.
Je vois tout ton combat.
Tes guerres et tes accords.
Tes souffrances et ta paix.

Je te vois, rattachée.
Je vois tout ton lien.
Tes nœuds et tes ponts.
Tes chemins et tes falaises.

Je te vois, amenée.
Je vois tout ton destin.
Tes choix et ta fatalité.
Tes lois et ton sort.

Je te vois, vivante.
Je vois tout ton mouvement.
Tes avancées et tes reculs.
Ton agitation et ta fatigue.

J'aime ton jeu

Tu poses et déposes les gestes.
Tu vois et dévoies les dires.
Tu lances et attrapes l'ambiance.
Tu suis et évites le moment.

Tu cherches à diriger.
Le courant t'emmène.
Tu voudrais décider.
Le choix t'encadre.

Ne t'oppose pas, tu perdrais.
Tu le sais, c'est plus grand que toi.

Accompagne, tu gagneras.
Tu le sais, tu sers ce mouvement.

J'aime ta danse.
Ta dévotion à l'harmonie.
Ton geste en partage.
J'aime ton jeu.

J'aime ta voix.
Ta connivence à la musique.
Tes mots en offrande.
J'aime ton je.

C'est là

Pose-toi et admire ce spectacle.

Plus d'espace, plus de temps.
Un immense vide, rempli de rien.
Un silence profond, envahi de musique.
D'innombrables couleurs, toutes blanches.
L'immobile tourne en tous sens.

Plus d'espace, vide saturé.
Plus de temps, éternité oubliée.
Plus rien ne rentre, plus rien ne sort.
Tout est aspiré, tout est vaporisé.
Tout disparait enfin, tout apparait enfin.
Formes évanouies, un meuble pour tout.
Verbe dissipé, la voix du bonheur assagie.
On danse en lumière, dans un brouillard transparent et doucement coloré.

On est là-haut, au ciel, on flotte.
On est autour, en l'air, on vole.
On est dans tes yeux, au milieu, on brille.
On est sous ta peau, dessous, on vit.
On est partout, dedans, dehors, il nous tient, il nous projette, il nous enveloppe, il nous rayonne, on est au cœur.

On est au cœur, c'est là.
C'est là, tout ou rien.
Plus d'amour, plus de haine.
Tout perdu, tout retrouvé.
Seulement tous ensemble, un instant.

Un instant sans existence.
Juste avant et après le sort.
Temple de pure magie.

C'est là.
C'est là, on est au cœur.
On est au cœur.

Je reviens de chez toi

Je reviens de chez toi.
Tu m'as retourné en homme libre.
J'étais abimé, aux abois.
Tu m'as reposé, fait humain pour vivre.

C'est froid ici, dehors.
J'avais oublié qu'un homme se couvre.
C'est agité ici, dehors.
J'avais oublié qu'un homme s'excite.
C'est dur ici, dehors.
J'avais oublié qu'un homme se cogne.
C'est périlleux ici, dehors.
J'avais oublié qu'un homme se livre.
C'est intouchable ici, dehors.
J'avais oublié qu'un homme a un horizon.
C'est comment qu'on sort ?
L'humain pourrait-il oublier d'où il vient ?

Mais tu me tiens par le cœur, pour me réchauffer.
Mais tu me tiens par le cœur, pour m'apaiser.
Mais tu me tiens par le cœur, pour me soigner.
Mais tu me tiens par le cœur, pour me protéger.
Mais tu me tiens par le cœur, pour me guider.
Mais tu me tiens par le cœur, pour me ramener.

Je reviens de chez toi.
Je reviens vers toi.

Magifiée

Prends cette bulle d'air.
Roule-la dans tes mains.
Fais-la tourner autour.
Jette-lui un regard vif.
Immobilise-la doucement.
Fais-la fondre et durcir.
Assouplis-la en pâte.
Fais-la bouger un peu.
Anime-la de l'intérieur.
Pousse sa forme en dehors.
Laisse-la tournoyer.
Elle lévite et se stabilise.
Elle se forme et concrétise.
Elle s'alourdit et descend.
Mets ta main dessous.
Accueille-la confortablement.
Elle se dépose et se fige.
Elle est belle et colorée.
Elle bouge avec toi.
Ferme ta main sur elle.
Enveloppe-la de ta peau.
Elle disparait, c'est une bulle d'air.
Tu as magifié.
C'est beau, c'est dans tes mains, c'est dans tes yeux, c'est dans ta peau, c'est dans l'air.
C'est magifié.

J'y vais

Quand j'aurai mourru, je viens t'aimer.
Promis, j'arrive, dès que je sais comment on faix.
Non, ne prépare rien, j'amène tout ce qui faux.
J'aurai les trucs solides enfer pour tenir l'atoile.
Oui, l'étoile d'en haut, accrochée avec le soleil.
Puis, du coup, ils me diront pour l'âme, si la faux.
Il risque d'y avoir du monde, ça je pourrai pas léviter.
Mais je vais me débrouiller pour aller vite et bien.
Comme d'habitude, j'en vois une partie en canoë, le moins risqué, tous les bibelots près cieux.
Je prends les affaires branlantes surmoi.
Le char et la caisse sont prêts.
C'est party !
Ahh si ! Prépare le jardin en attendant, s'il te plaie.
Oui, l'effleur et tout ça.
Bon... j'y vais.
Bisou, bye-bye.

Donner la main

Donner la main en refrain.
Pour faire tenir la veille.
Pour un présent en merveille.
Pour faire venir un demain.

Donner la main en refrain.
Pour relier d'un seul geste.
Pour toucher ce qui reste.
Pour rejoindre ce soutien.

Donner la main en refrain.
Pour mener le moment vivant.
Pour suivre en attendant l'élan.
Pour prendre ce même chemin.

Donner la main en refrain.
Pour aller vers l'inconnue.
Pour découvrir la mise à nue.
Pour se rendre en ce qui vient.

Donner la main en refrain.
Parce que c'est de là que l'on arrive.
Parce que c'est ici que l'on ravive.
Parce que c'est par là que l'on devient.

Te retrouver

Je ne dors pas.
Je ne rêve pas.
J'ai juste les yeux fermés.
Je suis juste parti te retrouver.

Je ne pense pas.
Je ne réfléchis pas.
J'ai juste l'idée fermée.
Je suis juste parti te retrouver.

Je n'écoute pas.
Je n'entends pas.
J'ai juste l'attention fermée.
Je suis juste parti te retrouver.

Je ne sens pas.
Je ne bouge pas.
J'ai juste la chair fermée.
Je suis juste parti te retrouver.

Je ris.
Je pleure.
J'ai juste le cœur ouvert.
Je suis juste resté avec toi.

La recette

La recette du bonheur ne l'a pas rendu heureux.
La recette du malheur ne l'a pas plus rendu malade.
Il s'est agité à cuisiner, encore et encore.
Il est quand même arrivé à en vomir.
Il est quand même arrivé à savourer un simple brin d'herbe.
Juste avant de mourir, il s'est arrêté.
Et là, sans savoir ni comment ni pourquoi, il s'est simplement mis à se nourrir.
Il est quand même mort de sa maladie d'avoir trop cuisiné.
Mais il est mort heureux de l'avoir enfin compris et reconnu.

Sèche ta boude

Allez, finis ce chagrin.
Laisse-le s'emporter ailleurs.
Laisse filer ce clandestin.
Retrouve ton beau rieur.

Tes larmes ne coulent pas.
Tu as bien accompagné ce malheur.
Ce chagrin ne t'appartient pas.
Reprends place au bonheur.

La douleur est naturelle.
Ses moments s'accompagnent.
La souffrance est artificielle.
C'est la douleur que tu empoignes.

La douleur ne veut pas de souffrance.
Elle est là pour circuler.
La douleur aspire à la transcendance.
Tu dois la laisser aller.

Allez, ne souffre pas pour lui.
Ce chagrin n'est pas pour toi.
Les larmes se sont enfuies.
Ne boude pas sans moi.

Regarde-moi, je fais le rieur mielleux.
Et hop, les yeux ! Ça rigole les yeux !
Ah, les lèvres, les dents, le frisson !
Voilà ! Tu ris là, non ?

Regarde-le rire

Il rit à pleines dents.
Il rit à ventre plié.
Il rit tout délié.
Il rit dehors et dedans.

Il rit tout entier, de partout.
Il rit en éclats, en continu.
Il rit librement, sans retenue.
Il rit sans pudeur, tout fou.

Attention, n'approche pas.
C'est contagieux, ça pourrait venir.
On n'a jamais su le contenir.
On sait pas traiter son cas.

Mais ne lui en veux pas.
Il fait pas exprès le malheureux.
Le sort l'a fait malchanceux.
Il est fait comme ça.

Regarde comme il rit.
C'est quand même étrange.
On pourrait le croire aux anges.
En tout cas, il est bien pris.

Il en est même en pleurs.
Mais c'est que de passage, après il revient.
Quand il rit pas, il est génial, vraiment bien.
Certains disent que ça vient du cœur.

Tu t'aimes

Et si on disait que tu t'aimes ?
Sans fausse identité.
Simplement toi-même.
Simplement en vérité.

Parce que tu connais ta faille.
Parce que tu connais ta félicité.
Parce que tu sais tes batailles.
Parce que tu sais tes capacités.

Te reconnaitre en toute franchise.
T'accepter en toute transparence.
T'assumer sans aucune méprise.
T'accompagner avec élégance.

Parce que tu vis par cet élan.
Parce que tu vis là quand même.
Parce que l'on ne vit pas sans.
Parce que l'on vit par ce que l'on sème.

Personne d'autre ne le fera vraiment.
Ils n'ont pas accès à ta raison.
Mais ils seront ton miroir aimant.
A coup sûr, ils t'aideront.

C'est de toi qu'il s'agit.
C'est ton sort et le leur.
C'est ta magie et la leur.
C'est de ton cœur qu'il s'agit.

Et si on disait que tu t'aimes ?

Vide en vie

Voir le vide, et toucher la vie.

Le vide est toujours plein.
Le vide est toujours animé.
Le vide exprime la vie.
Le vide invente la vérité.

Ici, c'est du solide, valeur sûre.
On doit tous faire avec sa réalité.
Rien n'échappe à ce qui s'y passe.
Tout émerge de son omniprésence.

Ce monde est impalpable.
Un univers invisible.
Rêve inconcevable.
Condition inévitable.

Le toucher vous pénètre.
Le voir vous absorbe.
Aucun filtre.
Aucune issue.

Le vide se livre en seule vérité.
Le vide vous livre en vérité seule.
Le mensonge y meurt.
Le compromis y crève.

La vie lui appartient en tout état.
Il est juste, sincère, honnête.
Sa vie opère le sort en magie.
Il donne tout, seulement par amour.

Voir le vide, et toucher la vie.

Musique Maestro

Musique, premier signe.
Premier signe de vie.
Attention, ça vient.
Ça bouge.

Trop tard, c'est déjà remué.
La musique t'a touché.
Tu dois l'intégrer.
Danse.

La vie se vient de nulle part.
C'est à toi de l'animer.
Trouve le pas glissé.
Sois souple.

Ça danse de tous les côtés.
Attention, ça bouscule.
Faut pas se cogner.
Temporise.

Ça chante dans tous les sens.
Module ta fréquence.
Evite les cris.
Harmonise.

C'est party, à toi de mener.
Aspire-les dans ton vol.
Fais-en des virtuoses.
Orchestre.

Au cœur de la musique.
La vie t'emballe.

Souffle

Le souffle porte la vie.

Il est dedans et dehors.
Il est en toi et autour.
Il conditionne l'univers.
Il est ta seule condition.

Il te remplit.
Il te traverse.
Il te contient.
Il te disperse.

Il régule la dualité.
Il concilie les forces.
Il anime le mouvement.
Il apaise les divergences.

Maitrise ton souffle.
Ton équilibre en dépend.

Développe ton souffle.
Ton pouvoir en dépend.

Soigne ton souffle.
Ton intégrité en dépend.

Diffuse ton souffle.
Ton devenir en dépend.

Ta vie porte le souffle.

Ecoute ton âme

Ton corps t'appelle.
Ecoute ton âme.
Ton esprit t'appelle.
Ecoute ton âme.

Corps et esprit sont bousculés.
Agités par le tumulte d'alentour.
Confrontés et contraints en urgences.
Défiés et désavoués en un monde bruyant.

Tu dois les satisfaire.
Mais surtout les protéger.
Tu dois les déployer.
Mais exprimer leur communion.

C'est ton être uni en tout.
C'est leur alliance en toi seul.
C'est cet ensemble retrouvé.
C'est ton âme qui les relie.

En ton âme est ta vérité.
Elle régule corps et esprit.
Elle expose pour un commun.
Elle en sort toute force sûre.

Ecoute ton âme.
Elève-lui ton corps.
Descend-lui ton esprit.
Ramène tout ton être ici.

Remets tout à ton âme.
N'agis que par ton âme.
Que corps et esprit soient de force vive.
Ton âme les révèle en puissance, par ton cœur.

Ouvre-moi

Tourne-toi vers moi.
Donne-moi tes yeux.
Montre-moi tes mains.
Ouvre-moi ton âme.

N'aie ni peur ni pudeur.
Ne retiens rien.
Ne cache rien.
Laisse-moi ton cœur.

Tu es transparente.
Reste debout.
Reste digne.
Ta vérité t'honore.

Tu vis d'une âme.
Livrée en humain.
Livrée en fracture.
Ton âme tient ta flamme.

Ta lumière est ici.
Eclaire ton mal.
Eclaire ton bien.
J'illuminerai ton pouvoir.

Ta puissance est là.
Prends mes yeux.
Vois mes mains.
Je te donnerai mon cœur.

Ta grandeur pour mes yeux.
Ta beauté dans mes mains.
Ton amour pour mon cœur.
Ta pureté est lue en ton âme.

Ton meilleur

Préserve-toi de trop de commerce.
Préserve-moi de trop de commerce.
Donne simplement ce que tu peux.
Reçois simplement ce que tu peux.

Tiens un commerce propre.
Sans germes de salissure.
Donne à qui ne salope pas.
Reçois de qui ne salope pas.

Tiens un commerce juste.
Sans trop de manque.
Donne ce qui leur fait besoin.
Reçois ce qui te fait besoin.

Tiens un commerce libre.
Sans lien d'asservissement.
Donne à ta valeur, sans usure.
Reçois à ta mesure, sans crédit.

Tiens un commerce sain.
Sans peur de rayonner.
Donne ce qui est bon, ton meilleur.
Reçois ce qui t'embellit, le plus pur.

Grandis-toi de mon don.
Grandis-moi de ton perçu.
Fais de ton don ce que je deviens.
Fais de mon perçu ce que tu deviens.

Tes mots

Dis-moi tes mots.
Ne cache pas ton cauchemar.
Ne retiens pas ton rêve.

Dis-moi tes mots.
Dévoile ta peine.
Dévoile ton aise.

Dis-moi tes mots.
Découvre ton malheur.
Découvre ton bonheur.

Délivre-moi ta vérité.
Ne dissimule pas le mensonge.
Ne compromets pas l'honnêteté.

Délivre-moi ta vérité.
Laisse paraitre le maudit.
Laisse paraitre le sincère.

Délivre-moi ta vérité.
Exprime les ombres.
Exprime la lumière.

Sois sans peur d'entendre.
Sois sans crainte de voir.

Devoir t'aimer en vérité.
En tendre vérité de t'aimer.

Me perdre de toi

Venir plus près encore.
Ton parfum posé sur moi.
Ecouter ton regard éclore.
Sentir ta peau pour émoi.

T'appartenir en sublime.
Me fondre sous ta courbure.
Entrer sur ton creux intime.
Te rejoindre en même épure.

Ton cou pour chuchoter.
Ta taille pour découvrir.
Tes mains pour frissonner.
Tes jambes pour revenir.

Aspiré à ton sein.
Respiré de ton empreinte.
Inspiré à tes reins.
Expiré de ton étreinte.

Evaporé en sensations.
Dilué de ta chaleur.
Ethéré en pulsations.
Condensé de ta douceur.

Laisse-moi me perdre de toi.
Laisse-moi me retrouver en toi.

Rayonner

Tout à coup, tu t'es mise à rayonner.
C'est indescriptible. Je ne peux qu'en donner un pâle aperçu.

Tu t'es comme illuminée de tout ton corps. C'était d'une puissance inconcevable. Une lumière puissante mais agréable. Une sensation de douceur et d'apaisement. Une clarté inimaginable. Tu en étais le centre, et tu rayonnais à plusieurs dizaines de mètres. Tu englobais tout, et tout semblait danser en toi. C'était très lumineux et coloré. Des couleurs puissantes et douces, comme la lumière. Des couleurs mélangées et changeantes. Des couleurs indéfinissables, bénies d'harmonie. Il n'y avait aucun bruit. Une sorte de silence absolu et parfait. Un mouvement impensable dont je ne saurais dire s'il s'agissait d'extrême agitation ou de paisible lenteur. Mais il se dégageait une sorte de volupté. L'ambiance de tout ça était telle, que, c'est sûr, ça dansait et ça chantait. J'étais pris dedans et, bien que je me sache immobile, j'entendais une musique et je me sentais danser.

Je ne sais quand et comment ça s'est arrêté. Mais maintenant, ça n'est plus pareil, tout a définitivement changé. Tu as cessé de rayonner et j'ai repris ma réalité. Mais c'est resté marqué. Tu es comme brillante et colorée d'harmonie. Moi, je me sens bien plus musical.

Une chose est sûre, tout à coup, tu t'es mise à rayonner.

Permis de vivre

Merde ! Je crois que j'ai perdu mon permis de vie.
C'est pas bon ça.
Tu crois que je peux demander une copie ?
Ça craint, c'est le bordel.
En plus, avec la nouvelle loi, je crois qui faut passer toute une chiée de tests.
Ouai, tu me diras que j'ai l'habitude, j'en ai déjà bien chié même avec mon permis.
Mais quand même, je l'avais, c'est pire là, j'ai plus de permis !
Je crois qui y a des genres de tests d'amour.
Comment on fait ? Je sais pas moi les trucs d'amour.
Puis si y me le refusent ?
Alors ça y est... je peux plus vivre ?
Y a pas moyen, faut le retrouver.
J'ai pas le choix !
En plus, je connais personne qui a passé les tests.
Tu connais les tests toi ?
Les trucs d'amour et tout ça ?
C'est dingue, je sais pas comment c'est possible.
Rigole pas, tu te rends pas compte.
Je peux plus rien faire, j'existe plus, je suis mort.
Allez... c'est toi, c'est une blague, tu l'as caché hein ?
Allez, rigole pas, rends-le moi s'il te plait.
Allez, je t'aime, s'il te plait, mon permis de vie, s'il te plait, je t'aime d'amour, s'il te plait, je peux même t'aimer avec de l'amour d'amour pour toujours, s'il te plait.

Affamer

Tu m'as nourri pour mieux m'affamer.

Nourri de ton corps pour m'affamer de chair.
Nourri de ton esprit pour m'affamer de rêve.

Je n'ai qu'un cœur à nourrir.
Seule mon âme pourrait s'affamer d'amour.
Je t'ai accompagnée à soigner ta chair, à panser ton rêve, à relier ton amour. J'ai sublimé toutes tes douleurs en douceur.
Mais de tes souffrances, je ne peux rien empêcher.

Non, tu ne m'as pas affamé.
Je suis désolé de te voir refuser d'aimer.
Je suis désolé de te voir refuser de guérir.

Déchirement

Ton âme déchire.
Ton amour traine la souffrance.
Ton amour transpire la détresse.
Ton amour vampirise l'empathie.

Tu abimes tout bonheur.
Tu cultives des souffrances inutiles.
Tu t'es égaré en plein jour.
Tu pilles la générosité sans retour.

Rien ne t'oblige à mépriser.
Rien ne t'oblige à te maltraiter.
Rien ne t'oblige à t'affoler.
Rien ne t'oblige à saccager.

Si tu veux être aimé, tu peux choisir de t'aimer.
Si tu veux être bien, tu peux choisir de te soigner.
Si tu veux être serein, tu peux choisir de te reposer.
Si tu veux être aidé, tu peux choisir de t'ouvrir.

Mais tu dois respecter celui qui aime.
Mais tu dois respecter celui qui soigne.
Mais tu dois respecter celui qui repose.
Mais tu dois respecter celui qui ouvre.

Cesse ta violence.
Cesse de refuser la guérison.
Cesse de cultiver le stress.
Cesse de voler la bonté.

Ton amour déchire.
Tu peux faire de ton amour une simple et saine union.

Accompagne

Accompagne le sort.
Décider n'est pas de ton ressort.
Ton pouvoir n'a de sens que dans le sien.
Tu dois suivre son élan comme ta loi première.

Prends l'option en main.
Le choix de ton destin t'appartient.
Le sort te laisse organiser ton placement.
A toi de voir ce que tu fais de sa venue certaine.

Observe ton univers.
Ne méprise pas les signes.
Le sort t'informe du temps à venir.
Il se produit et amène tout le monde avec lui.

Considère la prophétie.
La modérer est de ta responsabilité.
Tu orientes ce sort en t'impliquant corps et esprit.
Ecoute la prophétie avec attention et anime son devenir.

Le sort est grand.
Le sort te construit.
Le sort veille sur toi.
Le sort t'accompagne.

Reconnais-le.
Respecte-le.
Nourris-le.
Suis-le.

Grandeur d'âme

Ta grandeur quoi que tu fasses.
Ta grandeur quoi que tu penses.
Ta grandeur incontournable, ta condition.
Ta grandeur inhérente, ta nature.

Que ton corps en prenne acte.
Que ton esprit l'entende.
Ils ne sont pas maitres.
Tu les projettes un instant.

Tu existes avant et après eux.
Tu existes en dedans et en dehors.
Ta vérité dépasse leur réalité.
Tu transcendes cette vie et cette mort.

Ton cœur se répand hors du temps.
Ton âme survit au passé et au futur.
Ton cœur et ton âme ne t'appartiennent pas.
Ils sont ton entière évidence d'être toi.

Ton cœur est lumière.
Ton âme informe.
Ton âme se relie.
Ton cœur est amour.

La dualité s'y effondre.
La dualité en émerge.
L'humain y nait.
L'humain en meurt.

Miséricorde

Consacre-toi et soigne.
Donne-toi corps et esprit.
La compassion témoigne.
L'empathie se l'approprie.

L'autre est ton service.
Refuse sa souffrance.
Désintègre ses sévices.
Révèle son espérance.

L'autre est ton recueil.
Partage sa douleur.
Regarde ses écueils.
Résous son humeur.

L'autre est ta grandeur.
Soutiens son savoir.
Délivre sa ferveur.
Ouvre son pouvoir.

L'autre est ta croyance.
Eclaire sa fatalité.
Relie sa puissance.
Déploie sa qualité.

Vas trouver la concorde.
Transforme l'abime.
Transcende la miséricorde.
Consacre-toi et sublime.

Pleure

Tu ne pleures pas pour rien.
Tu coules un mal pour ton bien.
Pleure et lave ta souffrance.
Tu lessives une mauvaise incidence.

La souffrance n'est qu'une retenue.
La retenue d'une douleur venue.
La douleur arrive sans complaisance.
Mais seul toi crées la souffrance.

Pleure en larme d'heur.
Ne garde pas la douleur.
Fais-la circuler et passe.
Ne fige pas une sinistre trace.

Ne cherche pas les pleurs inutiles.
Ne joue pas de larme futile.
Mais n'aie pas peur de pleurer.
Liquide l'obstacle pour l'emporter.

Pleurer, ce n'est pas s'abaisser.
Pleurer, ce n'est pas renoncer.
Pleurer, c'est bien continuer.
Pleurer, c'est bien maitriser.

Pleure sans excès.
Mais pleure tout excès.
Aie le courage de ne rien retenir.
Sois digne de ton bonheur à tenir.

Guéris-toi

Trouve les bons auxiliaires.
Tu les possèdes évidemment.
Mets-les en œuvre dignement.
L'autre te les porte en lumière.

Guéris corps et esprit unitaires.
L'un et l'autre sont intriqués.
C'est au cœur qu'ils sont impliqués.
Ton âme connaît l'unité salutaire.

L'accident est un aléa de ce monde.
La maladie est un sort de cette vie.
Le mauvais temps n'est pas qu'un ennemi.
L'écueil appelle les réalisations fécondes.

Guéris-toi.

Ton pouvoir est d'aller plus loin.
Ton pouvoir est de passer l'obstacle.
Ton pouvoir est grand, fais-en ta culture.
Ton pouvoir est fort, fais-en ton art.

L'art est ton engagement concret.
L'art est ton aboutissement humain.
L'art est ton implication dévouée.
L'art est ton secret partagé.

Tu le peux, c'est en toi.
Tu le peux, c'est avec l'autre.
Tu le peux, c'est l'autre qui t'emmène.
Tu le peux, c'est toi qui te l'offre.

Guéris-toi.

Repens-toi

Repens-toi, le sort t'aidera.
Le sort est magnanime.
Repens-toi, le sort t'appellera.
Le sort grandit ton estime.

L'erreur fait le parcours.
L'erreur est ta fortune.
N'aie pas peur de l'erreur.
Accueille-la et transforme.

Partage ton erreur en savoir.
Donne et reçois l'expérience.
Développe l'avenir commun.
Une saine connaissance reliée.

La faute est plus dure.
La faute est ton orgueil.
Méfie-toi de la faute.
C'est toi qui reproduis l'erreur.

Reconnais enfin ta faute.
Mets-y un terme au plus vite.
Repens-toi au plus fort.
Répare le mal et le mépris.

Repens-toi, le sort est magnanime.
Le sort t'aidera.
Repens-toi, le sort grandit ton estime.
Le sort t'appellera.

Perverti

Ton orgueil t'a perverti.
Tu cours à ton désespoir.
Ouvre les yeux pour voir.
Touche un sens réinvesti.

La réalité t'attend.
Un horizon plus large.
Un égo décloisonné.
Un regard vécu en vrai.

Ta perversion agresse.
Tu fais du mal autour.
Tu saccages ton amour.
Touche une autre adresse.

Le partage t'attend.
Un geste plus large.
Un monde décloisonné.
Un miroir vécu en vrai.

Ta reconnaissance t'appelle.
Tu peux changer de pas.
Ne te méprise pas.
Touche une vie fraternelle, substantielle, belle.

Le prix de la peur

La peur t'excite en outrance.
La peur te fige en souffrance.
La peur t'ouvre en défiance.
La peur t'enferme en suffisance.

De peur en défi.
Orgueil et mépris.
Trop de violences inutiles.
Trop de cloisons débiles.

Il s'agit de toi.
C'est l'estime de soi.
Il s'agit de nous.
C'est le partage de vous.

La peur est mauvais émoi.
Elle te saisit en proie.
La peur est sale pratique.
Elle te perd en panique.

De se satisfaire en peur,
Il en vient la puanteur.
De malmener l'autre en peur,
Il en vient l'horreur.

Tiens-toi à l'écart de ses promoteurs délétères.
Eloigne-toi de ce théâtre et de cet imaginaire.
Parcours et développe un sens sécurisant.
Relie-toi vers l'humain apaisé et concilient.

Printemps

Amour des beaux jours.
La lumière te pénètre.
La chaleur t'envahit.
Ton cœur se déploie.

Tu ne peux y échapper.
Tu t'épanouis, tu rayonnes.
Tu te réjouis, tu rigoles.
Tu t'exaltes, tu t'embellis.

Tu parfumes la scène.
Tu respires le spectacle.
Tu chantes les couleurs.
Tu danses la musique.

Le printemps se pose.
Il nourrit et te pousse.
Il ravive et t'emmène.
Il éclot et te livre.

Le printemps s'offre.
Il illumine pour voir encore.
Il sublime pour vivre encore.
Il magnifie pour aimer encore.

Le printemps, amour des beaux jours.

Relaxation

Tu t'installes confortablement.
Tes membres, ton corps, entièrement posés, confortable.
Les paupières fermées, tu reposes les yeux.
On commence par se détendre.
Se permettre une conscience plus large et juste.
Relier tous ses états, toutes ses perceptions, au cœur de sa conscience.
Respire profondément maintenant.
Inspire par le nez, et expire complètement.
Tu inspires et expires profondément, autant que tu en ressens le besoin, et tu relâches.
C'est tout le corps qui se relâche.
A chaque respiration, tu relaxes et relâches.
C'est complètement naturel, automatique et inné.
Quand on respire, ça libère, ça détend.
Comme tu respires, tout le corps lâche de plus en plus.
Tu laisses aller et tu accompagnes ce mouvement.
A chaque respiration, tu lâches au plus profond, tu plonges dans ton confort.
On peut retrouver ces sensations de ce qui va tout seul. Comme tout ce qui circule ou se diffuse. Peut-être ce qui s'assoupli, se fige ou se détache. Des éléments qui se posent, d'autres s'allègent. C'est intéressant, simplement là. Alors que tu respires, c'est partout, l'air, le corps, l'esprit, circule dedans, autour.
Plus tu lâches profondément, plus la respiration se calme.
Forcément, plus la respiration se calme, plus tu plonges profondément dans ton confort.
C'est du bien-être, naturellement.

Le corps est posé, tu respires, alors, tu relâches.
Tu relâches, alors, la respiration se calme et le cycle suit son cours, forcément, toujours plus, détendu.
C'est agréable, léger, le corps est confortablement posé et tu respires calmement.
Tu profites toujours plus de cet espace de bien-être.
Relaxé, en corps délassé, tissus détendu, tout reposé.
Tout est tranquille et confortable, installé, détaché, tu entends ma voix dans un état de bien-être.
La sensation de tout ce qui circule ou se diffuse, s'assouplit, se pose ou s'élève. Des éléments qui se déposent et d'autres s'allègent.
C'est partout, l'air, le corps, l'esprit, circule dedans, autour.
Tu peux percevoir le calme et la puissance de ton être.

Maintenant, c'est l'attention fluide et légère, ta conscience seule qui importe.
Tu poses cette attention au centre de la poitrine, c'est là qu'il y a le cœur.
Ecoute, observe, ressens cet espace au centre de la poitrine.
C'est le cœur. On peut le sentir doucement. Apaisé.
Les perceptions sont permises.
La respiration est calme, apaisée, comme pour s'accompagner avec le cœur.
Peut-être que la poitrine monte et descend légèrement.
Ici, on peut ressentir un flux d'énergie se concentrer.
Comme si une énergie se rassemble ici, au centre.
A l'intérieur, le cœur respire, en diffusant son énergie dedans, et dehors.
Confortable, tout est calme et relâché, tu peux profondément te relier à ton cœur.

Simplement en portant l'attention ici, au centre de la poitrine, avec l'intention profonde de connecter ta conscience, à ton cœur.
C'est un sentiment agréable, paisible et confortable.
Tu peux te dire : Je suis connecté à mon cœur.
Quand tu es connecté à ton cœur, tout est calme et puissant.
Quand tu es connecté à ton cœur, c'est ta conscience qui est connectée, reliée.
Tu peux avoir des pensées qui passent, mais elles ne font que passer.
Le cœur ressent, observe. Il est neutre, calme, et laisse passer les pensées et les sensations. Il est sage.
Tu es connecté à ton cœur et le mental est aligné sur le cœur qui est juste.
C'est simplement, l'état naturel des choses que d'être centré dans son cœur.
Observe avec ton cœur.
Ta conscience est libre, vaste et sereine.
Il est autorisé de percevoir.
Le cerveau est en cohérence avec le cœur et il n'est là que pour traduire ce que lui demande le cœur.
Tout est de plus en plus calme, le corps et l'esprit sont complètement relâchés, détachés, légers, paisibles, agréables.
Tous ces états, toutes ces perceptions, reliés au cœur de ta conscience supérieure.
Tu relies tout, tu es libre, circule dedans et dehors, fluide.

Maintenant, ma voix t'accompagne pour suivre l'énergie circuler dans tout le corps.
On profite de ce moment paisible, reposé, doucement.

Le corps reposé circule l'énergie naturellement, en continu. Ce moment permet simplement, de reconnaitre cette circulation, intégrer sa lumière. Poser l'attention d'une conscience souveraine, sur ce qui se passe. Ecouter, voir, ressentir.
La lumière exprime cette énergie.
Avant de la suivre circuler et diffuser dans le corps, on la laisse se concentrer au-dessus de la tête.
Se concentrer au-dessus de la tête.
Cette lumière qui vient, c'est l'énergie partout autour, elle exprime la conscience de toute chose.
Elle peut se concentrer pour apparaitre n'importe où, à n'importe quel moment.
En prêtant attention, chacun de nous la connait aussi bien à l'intérieur qu'à l'extérieur.
Elle prend toutes formes, toutes couleurs, toute intensité.
Elle peut se voir, s'entendre, ou se ressentir simplement.
Elle est à la fois d'une puissance et d'une douceur immenses.
Maintenant, tu peux l'imaginer particulièrement concentrée au sommet de la tête.
C'est par là qu'elle rentre doucement.
Elle commence à pénétrer, et va prendre le temps de diffuser progressivement dans tout le corps.
De haut en bas. De la tête aux pieds.
C'est comme une sorte de connexion qui s'ouvre au sommet du crâne, et laisse passer cette énergie.
Elle se répand partout, dans tous les recoins, dans tous les tissus, la peau, les os.
En surface et au plus profond de la même façon.
Les sensations peuvent varier selon les endroits où elle passe et où elle s'installe.
Partout où la lumière passe, elle s'installe.

Elle descend, suit l'attention et la pleine conscience.
Elle parcourt la tête, le cou, les épaules, les bras et le haut de la poitrine.
C'est comme un flux, parfois étonnant et toujours agréable.
Puis, elle va tranquillement glisser dans le thorax et l'abdomen.
Partout où elle s'est déjà installée, on peut la sentir continuellement vivante. Légère et douce, toujours en mouvement.
Elle se diffuse encore, puissamment.
Dans tous les organes, les muscles, les plexus. Chaque cellule s'illumine.
En tout lieu, la sensation d'une vibration agréable et puissante.
Elle chemine, éclaire, purifie, régénère et revitalise tout ce qu'elle touche.
La lumière circule dans l'abdomen et descend dans le bassin, vers les jambes.
C'est du bien-être. On peut vivre ses sensations de l'énergie qui circule.
Elle suit les fibres, les trajets du corps.
Le long des jambes, vers les pieds, jusqu'au bout des orteils.
Alors qu'elle est partout, en mouvement tranquille, et qu'elle continue à pénétrer au sommet du crâne, la lumière se concentre aussi pour sortir sous les pieds.
Ton corps est baigné de cette énergie de lumière.
Ce flux circule de la tête aux pieds, il est aussi léger que puissant et il nettoie, libère, régénère, revitalise, équilibre de toutes parts.
C'est un moment de bien-être offert, apaisant.
Un moment de gratitude et de reconnaissance.

Une fois le corps purifié et régénéré, il peut rayonner cette énergie de lumière en conscience.
Comme une enveloppe protectrice, qui diffuse la lumière et ses bienfaits tout autour.
Tu rayonnes.

Maintenant, on peut simplement se réaligner et se recentrer. En pleine et pure conscience, il suffit de connecter le ciel, au sommet du crâne, et la terre, sous chaque pied. Le ciel au sommet du crâne, et la terre sous chaque pied.
L'énergie peut alors entrer, et sortir, de part et d'autre.
Un flux s'installe dans le corps, circulant de haut en bas, et de bas en haut. Un mouvement continu et léger. Ça monte, ça descend, un va et vient s'équilibre, circule calmement.
Tu es alors aligné, sur l'axe terre-ciel.
Si tu portes à nouveau l'attention au centre de la poitrine, ta conscience ouverte au cœur, tu peux ressentir l'énergie se concentrer ici, avant d'être diffusée en continu.
Ici, le centre, le cœur.
Tu es alors centré dans ton cœur.
Tu peux te dire : Je suis aligné sur l'axe terre-ciel, et centré dans mon cœur.

Tu sais qu'à tout moment de ta vie, tu peux te recentrer si tu en ressens le besoin.
Il te suffit de poser ton attention au centre de la poitrine, relier ta conscience dans ton cœur.

Maintenant, doucement, en prenant ton temps, tu peux revenir au lieu de ta présence.

Tu reprends pleinement contact avec ton corps, la matière, le mouvement, le toucher, doucement, tu réponds à ton corps.
Dans un état serein, de bien-être total, et de pleine vitalité.
Tu es revenu.
Dans un état serein, de bien-être total, et de pleine vitalité.
Tu peux ouvrir les yeux et reprendre place dans ton environnement, doucement.
Dans un état serein, de bien-être total, et de pleine vitalité.

Dans un état serein, de bien-être total, et de pleine vitalité.

Bienvenue.

Paysage éphémère

Instant de transformation.
Monde transfiguré.
Passé évanoui.
Futur réalisé.

D'un temps à l'autre, l'ordre établi est bousculé.
La continuité survit dans le renouvellement.
A l'unisson, tout se transforme pour ne pas se perdre.
Une existence éphémère pour retenir la vie entière.

Le paysage n'existe pas.
Il a existé.
Il existera.
Maintenant, il m'échappe.

Mon passé est mort.
Mon futur est probable.
Ma réalité est présente.
Ma présence est conscience.

La vérité d'un paysage éphémère.
Etre transformé dans l'éternel.
Aller et venir en ce moment précipité.
Rester bouger en ce moment immuable.

Le paysage éphémère voit ma vie emportée.

Change l'air

Je baigne dans ton humeur.
Humain, assagis-toi.
Je trempe dans ton errance.
Humain, réveille-toi.

Je touche ta douleur.
Humain, soigne-toi.
Je vois ta souffrance.
Humain, guéris-toi.

Je porte ton malheur.
Humain, réjouis-toi.
Je pleure ton arrogance.
Humain, aime-toi.

Humain, je vis avec toi.
S'il te plait, arrête-toi.

Prends un peu de sort.
Prends un peu de scrofulaire.
Prends un peu de magie.
Prends un peu d'absinthe.
Prends un peu de sort.
Prends un peu de romarin.
Prends un peu de magie.
Prends un peu de lavande.
Prends un peu de sort.
Prends un peu de millepertuis.
Prends un peu de magie.
Prends un peu d'aubépine.

Humain, tu respires ton souffle.
S'il te plait, change l'air.

Il en sort

Je remue l'invisible.
Je fais agir mes mots.
Je fais parler mes mains.
Je fais écrire mes yeux.

La magie opère.
Elle transforme.
Elle exprime.
Elle expose.

Le sort s'infléchit.
Il accomplit.
Il déclare.
Il marque.

Je plie ton destin.
Il est dans mes mots.
Il est entre mes mains.
Il est sous mes yeux.

Mon destin t'appartient.
Mes mots ne tempèrent que tes mains.
Mes mains n'adoucissent que tes yeux.
Mes yeux ne modèrent que tes mots.

Le destin est au sort.
Le sort anime l'éther.
Humain, tu façonnes l'éther.
Humain, apaise-toi, assagis-toi.

Ma vie

Je te donne cette vie.
Je te conduirai.
Je te soignerai.
Je t'éclairerai.

Je te donne cette vie.
Peu importe ton mépris.
Peu importe ta violence.
Peu importe ton fatalisme.

Tu prends ma vie.
Je rouvre le chemin.
Je referme les plaies.
Je rallume la flamme.

Tu prends ma vie.
Ton orgueil m'écrase.
Ta douleur me pénètre.
Ta faiblesse me fatigue.

Cette vie, je la consacre.
Cette vie, je la prends.
Cette vie, je la danse.
Cette vie, je la bénie.

Ma vie, je la livre.
Ma vie, je la saisie.
Ma vie, je la célèbre.
Ma vie, je l'aime.

Monde invisible

Fantastique monde informe.
En secret, tout se conforme.
Alchimie de toute alliance.
Creuset de notre abondance.

En quête du grand équilibre.
Unions et fractures délivrent.
Malléable en toutes conditions.
Le mouvement en équation.

Un sort affirme le bon horizon.
En dépit de toute prétention.
La magie bouge l'espérance.
Un art pris au geste en danse.

Refus évident du con promis.
Attache au collectif permis.
Déclaration de loi première.
Au nom d'une seule lumière.

Miracle d'un décor du vide.
Concrétisé en mains solides.
Réalisé en spectacle vivant.
Remodelé en impermanent.

L'invisible forme le monde.
L'éther l'informe et le fonde.
L'idée diffusée s'organise.
Le verbe posé se matérialise.

Perceptions

De perceptions en perceptions.
Mon idéal remis en question.
Le monde s'agite et bouscule.
L'équilibre ajuste la bascule.

L'essence est immuable.
Mon cœur imperturbable.
Les courants me traversent.
Les souffles me transpercent.

Le paysage se métamorphose.
Les interprétations s'opposent.
La réalité est maquillée.
La vérité n'a pas vacillé.

La pression est changeante.
Les pouvoirs se ressentent.
La pulsation s'accommode.
Le bon sens n'a pas de mode.

L'humain se découvre.
La conscience s'ouvre.
La sincérité est exigée.
La reconnaissance obligée.

De perceptions en perceptions.
Mon âme reste la condition.
L'évidence faite s'impose.
La puissance sort, si je l'ose.

La voie

Laisser parler sa voix.
Message non censuré.
Expression et liberté.
Besoin formulé.

Ecouter sa voix.
Sens non détourné.
Forme et fond.
Mot considéré.

Apaiser sa voix.
Contenu non méprisé.
Style et élégance.
Force tranquille.

Partager sa voix.
Destinée non avortée.
Ouverture et discussion.
Echange constructif.

Faire entendre sa voix.
Diffusion non réservée.
Déclaration et exposition.
Déploiement universel.

La relier et progresser.
En faire un chemin ensemble.
En faire bon sens et bien-être.
Soigner et accompagner la voie.

Sensible

Tu es un être sensible.
N'aie pas peur de ressentir.

Tu es perceptif, instinctif, intuitif, conscient.
Tout ceci n'est pas contradictoire.
A la fois instinctif, intuitif, réfléchi, raisonné.
Tout ceci est complémentaire.

Il s'agit d'organiser les opposés complémentaires.
L'humain est doué de conscience cognitive.
Une conscience réflective, réflexive.
Une conscience évolutive, créatrice.
Une conscience multifacette, reliée en un cœur.

La conscience régit l'état d'être de chacun, sa pensée, son action, ses choix, ses préférences, ses contraintes, ses capacités, etc.
L'humain vit en être conscient, et même conscient de l'être.

La conscience est une affaire d'information, de perception et d'interprétation.
Des informations connues, acquises et portées en soi.
Des informations nouvelles, apprises et perçues à l'extérieur.
Des perceptions recueillies comme sensations matérielles ou immatérielles, physiques ou mentales.
Des perceptions internes ou externes.
Des interprétations physiques, primairement reliées à l'instinct.
Des interprétations mentales, primairement reliées à l'intuition.

Des interprétations réfléchies et raisonnées, vis-à-vis de soi en interne et vis-à-vis de l'autre en externe.

La conscience est une affaire de sens.
Information, perception et interprétation passent par nos sens. Nos sens sont multiples et plus ou moins performants. Mais dans tous les cas, nous sommes conscients car nous sommes sensibles. Nous sommes très sensibles.
Cela est certainement notre première qualité.
Cette sensibilité est indispensable à notre existence.
Nous ressentons notre propre état individuel, au dedans.
Nous ressentons l'état de notre entourage, au dehors.
Cette sensibilité fonde notre capacité d'adaptation.
Une adaptation continue nous permettant de vivre notre quotidien. Mais aussi une adaptation plus étendue, ouvrant notre évolution en tant que personne, collectif et humain.

Ressentir est notre condition d'existence.
Ressentir est essentiel.
Tu es un être sensible.
N'aie pas peur de ressentir.
Cultive tes capacités perceptives, sensitives, sensibles.

Mais attention, observe, prends du recul, ne précipite pas.
Sois sensible et à l'écoute.
Ecoute et apprends humblement.
N'oublie pas que tu ne fais qu'interpréter.
Interprète en connaissance, interprète en découverte, interprète pour ton meilleur, interprète calmement et prudemment.
L'interprétation et l'analyse trop rapides peuvent manquer d'éléments de compréhension et de justesse. Tu risques de te faire dépasser par des ressentis mal évalués. Ta sensibilité

pourrait alors souffrir de réactions inappropriées. Ceci n'est souhaitable ni pour toi ni pour ton environnement.

Evalue correctement ta sensibilité et tes ressentis, en les observant et en les rapprochant de ce qui se passe autour de toi. Nous sommes doués d'une conscience relativement complexe, et notre sensibilité gagne à être éduquée. C'est mieux apprendre à se connaitre et mieux apprendre à connaitre son environnement. C'est développer des capacités d'adaptation et relationnelles plus efficaces et pertinentes. C'est mieux se positionner pour soi et pour l'autre, mieux considérer le bien-fondé des éléments qui nous affectent.

Alors, oui, nous sommes des êtres éminemment sensibles.
Cela mérite une attention particulière, afin de ne pas se perdre en nos ressentis et leur interprétation.
Cela mérite aussi toute notre attention quant à la valeur et la connaissance à accorder à notre sensibilité. Car elle est le socle de notre existence et de notre déploiement, elle conditionne nos capacités d'implication dans notre monde, notre justesse et notre puissance d'action.

Tu es un être sensible.
N'aie pas peur de ressentir.

Voici l'enfant

Voici ton mètre de pensée.
Il est venu libre et sensé.
Il est venu vrai et passionné.
Il t'espère attentif et attentionné.

L'enfant vient t'aider à réaliser.
Il t'emmène le savoir conscientisé.
Il vient estimer les fissures.
Il se présente à la juste mesure.

L'enfant vient t'offrir la connaissance.
Il te questionne sur ta pertinence.
Il vient prévenir les cassures.
Il s'investit sans aucune censure.

Tu l'accueilles avec un manuel administratif.
Tu refuses son regard instructif.
Tu l'empêches d'examiner les failles.
Tu méprises sa valeur et sa taille.

Tu l'accueilles avec un missel juridique.
Tu ignores ses doutes authentiques.
Tu reçois son soutien en batailles.
Tu écrases sa vérité en représailles.

Tu te montres dominant et enragé.
Tu l'as dégoûté et dénaturé.
Tu l'as abruti et entravé.
Voici ton maitre à panser.

Enfant

Enfant, ton regard émerveille.
Ton geste pose l'admiration.
Ta parole impressionne.
Ton cri désintègre.
Ton rire remplit.

Enfant, ton honnêteté honore.
Ton sourire fait complice.
Ta bonté éclaire.
Ta dignité grandit.
Ta vérité résonne.

Enfant, tu rayonnes l'humain de plein cœur, tu brilles d'enthousiasme, de courage, de force, de résilience, justesse, volonté, curiosité, pertinence, indulgence, générosité, joie...

Enfant, ta loi est la bonne, ta conscience est claire, ta pleine présence et ta voix sont précieuses. Ton indulgence m'oblige. Que le père et la mère se saisissent de respect en ta grandeur.

Enfant, n'aie pas peur de perdre ton regard.
Tu me l'as confié, je le garde.
Je le garde ouvert en ton nom.
Je te le ramènerai encore.
Je te le rendrai, avec ma révérence.

Douleur

Connaitre la douleur.
La sienne et celle d'ailleurs.
Prendre cette humeur.
Accepter et transiter sans peur.

C'est une expérience à passer.
La circuler pour la dépasser.
Elle apprend l'art de danser.
Elle forme le savoir à avancer.

Refuser la souffrance.
La sienne et l'autre sont décadence.
Cultiver la seule résilience.
Retour à l'équilibre et à l'aisance.

C'est un choix à avancer.
L'écarter pour bien danser.
Elle informe un état dépassé.
Elle retient un malaise passé.

La douleur n'est pas à provoquer.
Mais elle doit pouvoir s'accompagner.
La souffrance n'est pas à négliger.
Mais elle doit pouvoir être rejetée.

La douleur participe d'un mouvement.
La tempérer et l'évacuer est un engagement.
La souffrance participe d'un blocage.
L'accepter et la cultiver est un sabordage.

Plus encore

Ressentir sans pouvoir savoir.
Savoir sans pouvoir voir.
Voir sans pouvoir ressentir.
Vivre cet éther en devenir.

Plein d'incertitudes avides.
Ne pas tomber dans le vide.
Tenir l'équilibre de la transe.
Ne pas fuir la connaissance.

Un monde immense à relier.
Une autre nature sans se renier.
Un réel à perdre ou consolider.
Une échappée sans se détacher.

Rester digne, humble et fort.
Remercier la grandeur du sort.
Servir sans jamais rien décider.
Se choisir pour ne pas être écrasé.

Apprendre à s'exposer en partage.
En toute cette puissance de mage.
Donner pour recevoir l'inconnue.
La recevoir en ce pouvoir revenu.

Ressentir plus d'inconcevable.
Savoir plus d'inimaginable.
Voir plus de sensations éclore.
J'en demande encore et encore.

Sort en l'air

Aujourd'hui, il y a du sort en l'air.
Sans savoir s'il est mien ou qui il sert.
C'est pour aujourd'hui ou un demain.
Le moment m'est annoncé en humain.

C'est sûr, il y a du sort en l'air.
Les signes connus sont bien clairs.
Qui sait voir le prend dès maintenant.
Observe et suis les éléments.

Simplement du sort exprimé.
Ni bon ni mauvais, éther animé.
Ce qui fait le délice du vivant.
Ce qui tient l'équilibre ambiant.

Le sort avertit et prévient.
Un évènement particulier s'en vient.
Sois présent, attentif et mesuré.
C'est un aléa à bien manier.

Aujourd'hui, il y a du sort en l'air.
Sans surprise, instruit par l'univers.
Il me touche, il va venir se poser.
Tout à l'heure, quand je l'aurai oublié.

Ne pas figer cet instant.
Etre prêt à danser cet élan.
Juste le suivre quoi qu'il en soit.
Le mystère du sort fait juste loi.

Pardonne-leur

Tu crois qu'ils t'ont soutenue.
Tu penses qu'ils t'ont aidée.
Tu dis qu'ils t'ont sauvée.
Que sans eux tu étais perdue.

Ils t'ont ramenée à la raison.
Ils t'ont rendu la bonne direction.
Ils t'ont évité la perdition.
C'était eux ou les démons.

Tu t'es trompée sur la réalité.
Tu t'es faite abrutir.
Tu as accepté de te mentir.
Les écouter t'as aveuglée.

Leur raison est aliénante.
Leur sens est dénaturé.
Leur regard est déstructuré.
Ils t'ont faite souffrante.

Ils ne savent pas ce qu'ils font, trouve l'indulgence.
Tu dois déconstruire leur mauvaise étreinte.
Tu dois défaire l'addiction contrainte.
Il faut revenir à toi, loin de leur déviance.

Vois ton erreur et accepte la leur.
Reconnais-les pour te reconnaitre.
Pardonne-toi pour faire renaitre.
Pardonne-leur, ils ne sont pas tes sauveurs.

Pardonne-toi

Tu crois qu'ils t'ont combattu.
Tu penses qu'ils t'ont criblé.
Tu dis qu'ils t'ont coulé.
Que sans eux tu étais l'élu.

Ils t'ont empêché toute raison.
Ils t'ont fermé la bonne direction.
Ils t'ont mené à la perdition.
C'était eux ton seul démon.

Tu t'es trompé sur la réalité.
Tu t'es fait mentir.
Tu as accepté de t'abrutir.
Les écouter t'as aveuglé.

Ta raison est en ton seul élan.
Ton sens est en ton seul vouloir.
Ton regard est en ton seul espoir.
Tu t'es fait souffrant.

Ils font ce qu'ils peuvent, trouve l'indulgence.
Tu dois déconstruire ta mauvaise voie.
Tu dois défaire l'attache à ce renvoi.
Il faut revenir à toi, plus près de ta confiance.

Vois ton erreur et accepte leur défaut.
Reconnais-toi pour les reconnaitre.
Pardonne-toi pour faire renaitre.
Pardonne-leur, ils ne sont pas tes bourreaux.

Emu

Je t'enveloppe.
En passage effleurée.
Je te rapproche.
En appel inspirée.

Je t'enveloppe.
En chemin caressée.
Je te rapproche.
En invite aspirée.

Je t'enveloppe.
Entrée à toucher.
Je te rapproche.
Entrée à respirer.

Je te tiens.
En étreinte relâchée.
Je te rejoins.
En souffle embrassée.

Mon corps est délivré.
Touché tout autour.
Mon esprit a pénétré.
Dedans par amour.

Mon âme est perdue.
Enlacé en ton tour.
Mon cœur est ému.
Epanché par amour.

Ta musique

Ton regard perdu.
Je te sourirai.
Ton regard revenu.
Je t'embrasserai.

Ton corps pétrifié.
Je t'envelopperai.
Ton corps ranimé.
Je t'accompagnerai.

Ta voix étouffée.
Je te blottirai.
Ta voix ramenée.
Je t'écouterai.

Ton esprit affolé.
Je te reposerai.
Ton esprit apaisé.
Je t'enchanterai.

Ton cœur blessé.
Je prendrai sa douleur.
Ton cœur soigné.
J'ouvrirai son amour.

Ton âme touchée.
Je prendrai ses larmes.
Ton âme épanouie.
J'éclairerai sa musique.

Sois là

Range tes affaires.
Evacue le superflu.
Organise le nécessaire.
Sors ce qui ne sert plus.

Arrête tes comptes.
Pose un bilan complet.
Ferme ce livre de conte.
Regarde le nouveau couplet.

Tiens-toi prêt.
Equilibré, humble et fort.
Attentif au milieu de l'après.
Suis le prochain appel du sort.

Sois souple et serein.
Sans gages, ni regrets, ni peurs.
Tu pars d'hier vers ton retour de demain.
Ton âme conduit ton destin en ton meilleur.

Maintenant, tu es là.
Maintenant, tu t'en vas.
Maintenant, le souffle te prend.
Maintenant, le présent t'entend.

Construis.

Centrer

Redescendre en moi.
Remonter en soi.
Du ciel au cœur.
De la terre au cœur.

Revenir à l'essentiel.
Mieux explorer le jour.
Recueillir au-dedans.
Mieux cultiver autour.

Ramener au milieu.
Concilier les divergences.
Déposer au centre.
Réunir les apparences.

Rassembler les écarts.
Connecter les distances.
Assouplir les attaches.
Suivre la concordance.

Observer le contact.
Ecouter l'échange.
Se livrer à l'alliance.
Prendre part au mélange.

Alchimie imprégnée.
Pulsation respirée.
Mouvement intense.
Epouser la danse.

Touché

Le sort m'a cogné.
C'était inévitable.
C'était imparable.
Sa raison est plus forte.

Le sort m'a cogné.
Il m'a bousculé.
Il m'a fait mal.
Il m'a blessé.

Le sort m'a souri.
C'était inévitable.
C'était imparable.
Sa raison est plus forte.

Le sort m'a souri.
Il m'a caressé.
Il m'a rassuré.
Il m'a enchanté.

Le sort ajuste l'équilibre.
Le mien et celui du monde.
J'y participe, de gré ou de force.
Mon existence implique contribution.

Le sort décide pour moi.
Peu importe que je sache ou pas.
Peu importe que j'aie envie ou pas.
Peu importe que je comprenne ou pas.

Le sort ne cogne pas.
Le sort ne sourit pas.
Il régule, compense, maintient.
Il acte son travail en tout état.

C'est juste moi qui suis placé là.
C'est juste moi qui travaille.
Je prends part au geste.
J'agis corps et esprit, en âme et conscience.

Je ne décide de rien.
Je peux choisir en tout.
Ma position de corps et d'esprit compte.
Mon accompagnement de corps et d'esprit compte.

Je n'éviterai jamais la peine.
Je n'éviterai jamais la félicité.
Mais je peux tempérer l'une et l'autre.
Ne jamais me laisser emporter par l'une ou l'autre.

Le sort m'implique.
J'oriente le sort.
Je reçois son mouvement.
J'émets mon mouvement.

Le sort me cogne.
Le sort me sourit.
Je vis le sort.
Je suis le sort.

Prie

Prie pour moi.
Je me livre pour toi.
Je pars pardonner l'humain.
Je pars lui donner l'amour qu'il réclame.

Prie pour moi.
Je me livre pour toi.
Je pars dénoncer l'humain.
Je pars lui dire sa conduite infâme.

Prie pour moi.
Je me livre pour toi.
Je pars affronter l'humain.
Je pars crever ce qui tue l'âme.

Ne m'oublie pas.
Je ne suis rien sans toi.
Tu m'entendras pleurer.
A chaque être déchiré.

Ne m'oublie pas.
Je ne suis rien sans toi.
Tu me verras vomir et cracher.
A chaque souffrance arrachée.

Ne m'oublie pas.
Je ne suis rien sans toi.
Tu me sauras apaisé et ravivé.
A chacun de leur cœur retrouvé.

Je prie pour toi.

souviens-toi

Tu cherches sans trouver ?
Y a plus rien autour ?
Regarde dedans.
~
Tu cherches sans trouver ?
Y a plus rien dedans ?
Regarde autour.
~
Tu trouves sans chercher ?
Prends, tu en as sûrement besoin.
~
Tu en veux plus ?
Fais de la place.
~
Tu en veux plus ?
Donnes-en plus.

Reviens sur tes pas.
Tu découvres un nouveau chemin.
~
Reviens.
Tu marches dans ta réalité.
~
Reviens encore.
Tu déblaies le chemin.
~
Reviens.
Tu promènes en plaisirs.

Accepte de passer la douleur.
Mais ne te laisse pas ronger par la souffrance.

~

Nul ne mérite de souffrir.
Chacun doit comprendre ça.
Autant qu'il le faudra, cela doit être répété.

~

Chacun doit s'employer à apaiser chaque douleur qui lui est présentée.
Autant de fois qu'il pourra le faire, il doit le faire.

La plus grande souffrance que l'on connaisse, c'est l'ignorance.
~
Il t'inspire l'énigme ?
Pose-lui la question, il te répondra.
~
L'énigme t'inspire ?
Suis-la, elle te réfléchira.

Reçois le matin.
Accompagne jusqu'au soir.
Prends la nuit pour admettre le travail accompli.
~
Nais chaque matin.
Meurs chaque soir.
Chaque jour, tu formes la réalité.
Chaque nuit, la vérité te conforme.
Ta pertinence prend forme de jours en nuits.

Assouplis ton corps pour assagir ton esprit.
Assagis ton esprit pour assouplir ton corps.
Trouve le point d'équilibre pour bien vivre.

~

Où es-tu passé entre pensée et mouvement ?
Qu'as-tu fait entre geste et idée ?
Qui de l'esprit ou du corps a vraiment devancé l'autre ?
Ne laisse pas la tête au cul.
Ne laisse pas le cul en tête.
Reste au milieu, reviens au cœur, avance en ligne,
coordonne, modère les ardeurs, maintiens la juste relation.

Qu'est-ce que tu donnes en échange ?
En échange, je t'aime d'amour.
~
On ne manque pas d'amour.
On voudrait l'attraper, on oublie qu'il vit en partage.
On ne manque pas d'amour.
On voudrait le décider, on oublie qu'il se fait choisir.
On ne manque pas d'amour.
On voudrait le garder, on refuse de le cultiver et le diffuser.
~
L'amour est ta condition d'existence.

Le hasard te suit partout.
Le sort t'imprègne en tout.
L'aléa te devance pour tout.
~
Accepte de ne pas décider.
Le choix t'appartient, prends-en la responsabilité.
Les propositions sont à ta portée.
~
Le sort qui mène l'humain vient de l'univers.
Le sort qui touche l'humain vient de son monde.
Le sort qui frappe l'humain vient de l'humain.

Tu m'as repris tout ce que tu m'as donné.
Tu m'as retourné tout ce que je t'ai donné.
Je vais continuer de donner.
Je vais continuer de recevoir.
Ne retourne plus, conserve ce que tu acceptes de recevoir,
s'il te plait.
Ne reprends plus, transmets ce que tu choisis de donner,
s'il te plait.
Je continue de donner.
Je continue de recevoir.
Accepte le mouvement, choisis, accompagne le sort.
Je continue de donner ma vie.
Vois vivre, sois vivant, fais vivre.
Respecte, n'abime pas, ne méprise pas, consens.
S'il te plait,
construis.

Un visible et un invisible.

Au milieu, la vérité.

Une vie et une mort.

Au milieu, l'existence.

Un bonheur et un malheur.

Au milieu, le sort.

L'amour et l'aversion.

Au milieu, l'éther.

L'éther et le sort.

Avec eux, la magie.

Sorcier ou magicienne.

Avec eux, l'humain.

Un corps et un esprit.

En eux, un cœur.

Une conscience.

Pour elle, une âme.

*Et si j'avais vécu tout ça ? Et si je vivais vraiment tout ça, de toujours et aujourd'hui encore ?
M'accorderais-tu le droit d'être un peu différent de toi ?
Respecterais-tu ma différence ? Et peut-être m'aiderais-tu à pouvoir continuer d'aimer ma vie et l'humain ?*

n'oublie pas

L'auteur

Basty
basty.ecce@gmail.com
www.etreconscient.com

Autres parutions

* être conscient - 2023 - 2024
* cœur de conscience (extrait de 'être conscient') - 2023 - 2024
* Réfléchis - hypothèse & notion - 2024
* notion - humain entre terre et ciel (extrait de 'Réfléchis') - 2024
* hypothèse - le vivant en réflexion (extrait de 'Réfléchis') - 2024
* Verbal - énoncé de ta réalité - 2024
* essentiels - repenser l'origine - 2024
* ecce - humain à mi-chemin (contient : être conscient, Réfléchis, Verbal et essentiel) - 2024
* accord pensé - l'esprit des mots - 2024
* esprit des jours - connaitre au fil des mots - 2025

© 2025 Basty
Édition : BoD · Books on Demand, 31 avenue Saint-Rémy, 57600 Forbach, bod@bod.fr
Impression : Libri Plureos GmbH, Friedensallee 273, 22763 Hamburg (Allemagne)
ISBN : 978-2-3225-4248-2
Dépôt légal : mars 2025